Francisco Marín Vargas

NIDO DE BARRO

HAIKUS
俳句

© Francisco Marín Vargas - *Nido de Barro*

© Editorial La Rueca

www.editoriallarueca.com

Primera edición: junio 2024
Ilustraciones interior: Carmelo De La Torre López

ISBN: 978-84-19865-73-1

Depósito Legal: M-14345-2024

La brevedad es el alma del ingenio

William Shakespeare

Prólogo

Los haikus del maestro cetrero.

El haiku es un breve poema de origen japonés muy ligado a la naturaleza y a la contemplación de sus estaciones. El título de este libro, "Nido de barro", es muy adecuado al haiku porque con tierra y agua se forma el barro, porque la mirada inocente requiere cobijo y refugio, porque el barro es algo original y primario, porque el nido puede ser un lugar que guarde las palabras.

Nido de barro,
vuelan las golondrinas
cerca del agua.

Francisco Marín se dedica a la cría y al cuidado de aves rapaces en el Centro La Pihuela de Sanlúcar la Mayor (Sevilla). Su vida diaria reúne las condiciones ideales para practicar este arte del instante que es el haiku: contacto directo con la naturaleza, atención a sus procesos, armonía con sus estaciones, cuidado de lo que nace, dar espacio a lo que vuela… Se trata de desplegar la sensibilidad y la atención necesarias para ello y utilizar unas pocas palabras verdaderas.

Tras publicar varios libros de poesía y de aforismos, no es extraño que Francisco haya llegado al haiku y haya dedicado dos libros a resumir su obra poética y aforística.

Esta evolución parece revelar un acercamiento a la síntesis y a la condensación, a la escritura más esencial. Ya muchos de sus poemas eran breves, pero el haiku es la mínima expresión de una honda experiencia de los sentidos y de la conciencia. Por ello, nos alegramos de esta publicación que comparte algunas ráfagas de sus vivencias en el medio natural.

Una hormiga
transporta una hoja
bajo la lluvia.

El haiku intenta transparentar la vivencia de asombro ante la vida y poner palabras a la experiencia de fusión con la naturaleza. Un poema de Rilke dice: Oh, quiero crecer, / miro hacia fuera y está en mí creciendo el árbol.

Y Francisco lo expresa así en un poema del libro "De barro y silencio": Mi nombre ya es un árbol.

Una feliz coincidencia que da pistas de por donde discurre el camino del maestro cetrero.

Las aves siempre han estado vinculadas de alguna forma a la poesía, como símbolo o metáfora, como fuente de inspiración o motivo del poema. Francisco convive diariamente con las rapaces y su vivencia es un venero de sugerencias para la escritura.

En el libro "La isla" de Aldous Huxley los pájaros Mynah repetían: "Aquí y ahora, muchachos. Atención". Una hermosa propuesta de llamada al momento presente y a la mirada atenta.

Dejó de llover,
canta la abubilla
en el olivo.

Animo a la lectura de este libro porque
será un paseo agradable por la experiencia de
Francisco y su buen hacer en el manejo de la
palabra.

Concluyo con un verso del autor que de
alguna forma expresa su visión poética:

Mi lenguaje son cristales en los que se refleja
la oscuridad.

Gregorio Dávila de Tena

A Dolores Carbonero Ramos

Pollos de halcón
en el puente de piedra.
Bocas hambrientas.

Acaba el día,
su larga oscuridad
está en todo.

Y de repente…
la vida se detiene.
Corazón roto.

El viejo nogal
acoge un milagro,
nació la larva.

Frío amanecer,
en mitad de la calle
un perro ladra.

Dentro del charco,
tres larvas de mosquito
están creciendo.

Atardeciendo,
una cierva cruzando
la carretera.

Primera lluvia,
dentro del hormiguero
duerme la vida.

Sobre el cristal
leve batir de alas,
la mariposa.

Quedaba nieve.
Árboles solitarios
en el camino.

Salta el potro,
bastan pocos momentos
para ser feliz.

Cae la rama,
el gato moribundo
trepa al muro.

Verdes lagartos
en la vieja caseta
tomando el sol.

Ya amaneció,
sobre la almohada
un rayo de luz.

Estación de tren,
solitaria maleta
abandonada.

Sin esperarlo,
aparece un gato
en el funeral.

De nuevo el sol.
Baile de mariposas
después de llover.

Parto de cabra.
El frío trae la muerte,
calla el balar.

Amaneciendo,
entre los alcornoques
vuelo de grullas.

El viento tumbó
a la vieja palmera.
Besa el suelo.

Intensa lluvia,
un pez salta del agua
a la orilla.

Pared rocosa,
en el acantilado
once buitres.

Flor de almendro,
entre blancos pétalos
gotas de rocío.

Sobre la mesa,
disputándose migas
varios gorriones.

La madreselva
escalando los muros
del cementerio.

Entre las manos
puñado de azahar
bañado de luz.

En el tejado
riña de plumas negras.
Graznan los cuervos.

De transparencias
el cuenco rebosando.
Agua de lluvia.

En la ventana
gestándose la vida.
Nido de mirlo.

Dos Galápagos
entre las espadañas
del arroyuelo.

Abril lluvioso,
la oruga trepando
el verde peral.

Entre las hojas,
un fugaz rayo de luz
quiebra el árbol.

Comienza el día,
destellos en la charca.
Vuelan jilgueros.

Nido de moscas,
cerca del hormiguero
la cabra yace.

Canto del zorzal,
un disparo lejano
lo hace callar.

Bajo los rayos,
un hombre y su perro
buscan refugio.

Nido de barro,
vuelan las golondrinas
cerca del agua.

Atardecer frío,
última lagartija
por esconderse.

En la orilla
una niña descalza
buscando conchas.

La gata salta
del tejado al suelo,
sale corriendo.

Sierra Morena.
Tejiendo la araña
gotas de rocío.

Lluvia torrencial
desborda el arroyo.
Crece el bambú.

Vuela el azor,
entre la espesura
corre la rata.

Al amanecer
entró una tórtola
por la ventana.

Suena la lluvia,
un zorro se esconde
dentro del tonel.

Desciende el sol,
se esconde la tarde
entre las nubes.

Las hojas secas
regresan a la tierra.
Largo descanso.

Al atardecer,
junto a los rosales
lirios naciendo.

Bajo el puente,
pececillos dorados
queriendo saltar.

Besos de niños
en solitario banco.
Amores nuevos.

Bajo el fresno
una pequeña ave,
su ala rota.

Detrás del cristal
una salamanquesa
queriendo comer.

Una farola
en el banco del jardín
esparce su luz.

Todas las noches
luces de luciérnagas
acuden al río.

Limpio sonido,
las hojas del ciruelo
rozan la cuerda.

La puesta de sol
siempre hace despertar
a la lechuza.

Una abeja
cae en la alberca.
Sigue lloviendo.

La salamandra
escarba en el fango.
Tarde cálida.

Suelo de barro.
Avispas alfareras
hacen sus nidos.

Dejó de llover,
canta la abubilla
en el olivo.

Acaba el día,
lenta en los árboles
entra la noche.

Parecen aves
alzándose al aire.
Ropa tendida.

Arrecia el frío.
En la vieja estufa
arde la leña.

El gallo canta
encima del tejado.
Asoma el sol.

En la colina,
la avutarda hembra
busca pareja.

La gata busca
a sus cinco gatitos.
Corre un perro.

Cae un rayo
en la copa del pino,
rompe su tronco.

Trina el tordo,
la lombriz se esconde
bajo la piedra.

Los niños juegan
a saltar en el charco.
Manchas de barro.

Amaneciendo
aparece la niebla,
inmenso vacío.

Buscando el sol,
escalando la pared
dos caracoles.

Amaneciendo,
regresan a su cubil
los murciélagos.

En la estación,
un banco solitario
alejándose.

Al anochecer,
en el silencio del mar
solo las olas.

Un poco de luz
es lo que resta del sol.
Cae la noche.

En el castillo
dos lechuzas volando,
blanco silencio.

Pan recién hecho,
en la calle su olor
sembrando hambre.

Viento racheado,
en la maceta la flor
deshojándose.

Junto al banco,
solitaria farola
de cristal roto.

Del viejo sauce
siguen cayendo hojas.
Cielo plomizo.

El aire fresco
y la ropa tendida
bailando juntos.

Golpea fuerte
al delicado cristal
la rama caída.

Olor a Jara
en el profundo bosque,
cae la lluvia.

Brama el toro
en la dehesa nueva,
vuela un zorzal.

Un saltamontes
en la cuerda de tender
tomando el sol.

Canto de grillos
en el bosque cercano,
aún queda niebla.

Por la higuera
subiendo lentamente
dos caracoles.

Suena el viento,
galopa un caballo
en la colina.

Canto del gallo
mientras sigue lloviendo.
Ya amaneció.

Pero de pronto…
rompiendo la mañana
la densa niebla.

Sobre el alambre,
tocándose los picos
dos golondrinas.

Una alondra
bajo el intenso sol
agonizando.

En el colegio,
remolino de hojas
entre los niños.

Seca el sudor,
acaba sus labores
el campesino.

Entre las piedras
un rosal floreciendo,
cae la tarde.

En la solana,
aventando el trigo
los campesinos.

Los murciélagos
en la torre del pueblo.
Luna de Abril.

Bajo la tierra,
buscando nuevas raíces
cava el topo.

En el arroyo,
canta el ruiseñor
al anochecer.

Todo son truenos,
quedaron en la noche
solo ladridos.

Cruza el charco
una pequeña rana,
otra la mira.

La oscuridad
alcanza a la calle,
corren los niños.

Bajo el olmo,
su sombra se extiende
por la mañana.

La perdiz canta
pasado el peligro,
sus crías regresan.

Elevándose
y cada vez más alto
un viejo papel.

En la estación,
largo sonido de tren
alejándose.

Las amapolas,
junto al cementerio
nacen y mueren.

Y de repente…
cayendo sobre el lago
cientos de hojas.

En el olivo
el mochuelo descansa,
ya amaneció.

La larga sombra
de la ropa tendida
huyendo del sol.

Desesperado
huyendo de la garza,
un renacuajo.

Una hormiga
transporta una hoja
bajo la lluvia.

De la farola,
sola, su larga sombra
en la mañana.

Entre los sauces,
rosas de primavera
naciendo libres.

Agradecimientos

A Gregorio Dávila De Tena,
por la corrección del texto
y su maestría al desarrollar el prólogo
de este libro.

A Carmelo De La Torre López,
por cederme muy amablemente
las ilustraciones.

Y por supuesto,
a todas las personas que crecen
en la observación de las pequeñas cosas.

Índice

Cita.. 5

Prólogo 7

Dedicatoria... 11

Ilustración... 13

Haikus 15

Ilustración... 129

Agradecimientos................................. 131